ÍCONOS
AMERICANOS

El águila de cabeza blanca

Kaite Goldsworthy

CÓDIGO DEL LIBRO
BOOK CODE

Q620755

El enriquecido libro electrónico AV² te ofrece una experiencia bilingüe completa entre el inglés y el español para aprender el vocabulario de los dos idiomas.

This AV² media enhanced book gives you a fully bilingual experience between English and Spanish to learn the vocabulary of both languages.

Spanish

English

Navegación bilingüe AV²
AV² Bilingual Navigation

OPCIÓN DE IDIOMA
LANGUAGE TOGGLE

CAMBIAR LA PÁGINA
PAGE TURNING

CERRAR
CLOSE

INICIO
HOME

VISTA PRELIMINAR
PAGE PREVIEW

2

CONTENIDO

¿Qué es un águila de cabeza blanca?

Un águila de cabeza blanca es un ave de presa.
Esto significa que caza y come otros animales.

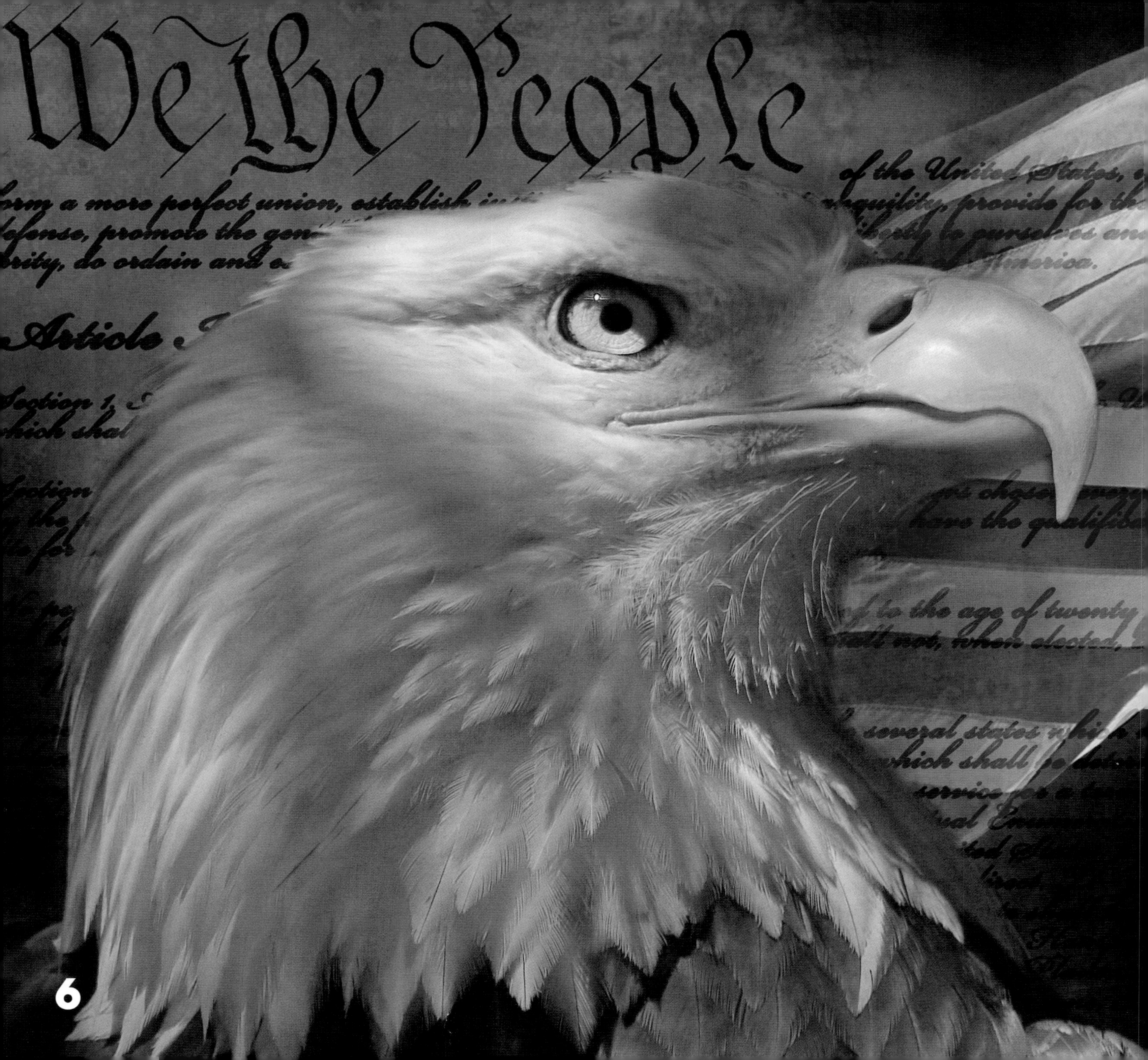
We the People

Símbolo nacional

El águila de cabeza blanca es el ave nacional de Estados Unidos. Se la conoce por su belleza y fuerza.

¿Tiene realmente la cabeza blanca el águila de cabeza blanca?

En realidad, el águila de cabeza blanca no tiene la cabeza blanca. Tiene plumas de color blanco en la cabeza. El resto de sus plumas son de color marrón. Esto le da la apariencia calva.

¿Dónde vive el águila de cabeza blanca?

El águila de cabeza blanca se encuentra sólo en América del Norte. Vive cerca del agua y de lagos. Construye su nido a grandes alturas en las copas de los árboles altos.

¿Es grande el águila de cabeza blanca?

El águila de cabeza blanca no es el ave más grande de América del Norte. Las alas de un águila americana se pueden extender hasta 8 pies. Eso es más de lo que mide tu cama.

¿Qué come el águila de cabeza blanca?

Al águila de cabeza blanca le gusta comer peces. Atrapa peces con las garras. Tiene muy buena vista. Puede ver el alimento desde muy lejos.

Convertirse en un ícono

Un símbolo es una figura o signo que simboliza algo. El águila de cabeza blanca es un ave fuerte. Puede volar muy alto en el cielo. El vuelo de un águila a menudo hace que las personas piensen en la idea de libertad.

UNITED IN MEMORY

SEPTEMBER 11, 2001

18

El águila de cabeza blanca en el dinero

El águila de cabeza blanca se encuentra en un símbolo muy importante de Estados Unidos denominado El Gran Sello. El águila de cabeza blanca también se encuentra en algunas monedas y papel moneda de América del Norte.

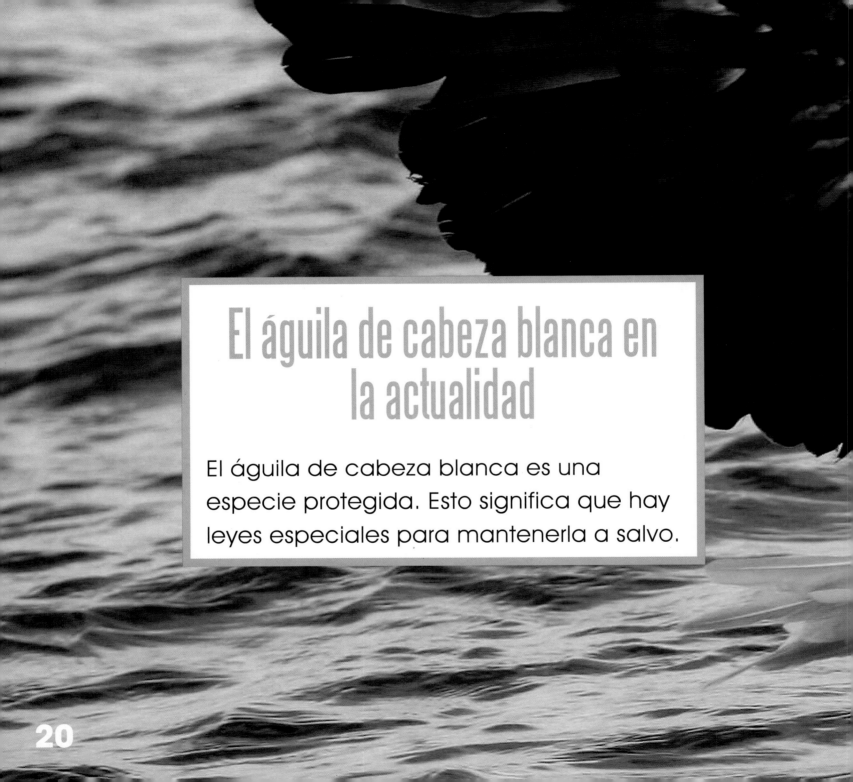

El águila de cabeza blanca en la actualidad

El águila de cabeza blanca es una especie protegida. Esto significa que hay leyes especiales para mantenerla a salvo.

DATOS SOBRE EL ÁGUILA DE CABEZA BLANCA

Estas páginas brindan información detallada que amplía aquellos datos interesantes que se encuentran en el libro. Se pretende que los adultos utilicen estas páginas como herramienta de aprendizaje para contribuir a que los jóvenes lectores completen sus conocimientos acerca de cada símbolo nacional que se presenta en la serie de *Íconos americanos*.

páginas 4–5

¿Qué es un águila de cabeza blanca? El águila de cabeza blanca pertenece a la familia de las águilas, los halcones y los buitres. Tanto el águila de cabeza blanca macho como la hembra es de color marrón con ojos, picos y patas de color amarillo y con una cabeza blanca que la caracteriza. Puede vivir hasta 35 años en libertad y casi 50 en cautiverio. La mayoría de las águilas de cabeza blanca que viven en libertad nunca llegan a la edad adulta.

páginas 6–7

Símbolo nacional. El águila de cabeza blanca se convirtió oficialmente en el ave nacional y emblema de Estados Unidos el 20 de junio de 1782. Al águila de cabeza blanca se la conoce por su lealtad. Es común que el águila de cabeza blanca se aparee con un compañero de por vida. El águila de cabeza blanca es admirada por su fortaleza y belleza. La única amenaza para la seguridad del águila de cabeza blanca es el ser humano.

páginas 8–9

¿Tiene realmente la cabeza blanca el águila de cabeza blanca? En realidad, la cabeza del águila está cubierta de plumas de color blanco. Esto le proporciona al ave la apariencia de tener una cabeza calva blanca. El nombre del ave proviene de la palabra antigua "vitíligo" o "calvo", que significa blanco. Las águilas bebés, o aguiluchos, nacen grises y no desarrollan las plumas blancas de la cabeza hasta que tienen cuatro o cinco años de edad.

páginas 10–11

¿Dónde vive el águila de cabeza blanca? El águila de cabeza blanca sólo se encuentra en América del Norte. Más de la mitad de todas las águilas de cabeza blanca viven en Alaska. A menudo se la encuentra cerca del agua. Construyen el nido en las copas de los árboles altos o cornisas. Construye el nido más grande que cualquier otra ave de América del Norte. Los nidos pueden medir más de 9 pies (2,7 metros) y pesar más de 1 tonelada (0,9 toneladas).

¿Es grande el águila de cabeza blanca? La extensión de las alas del águila de cabeza blanca puede abarcar de 6 a 8 pies (1,8 a 2,4 m) de largo. El águila de cabeza blanca puede alcanzar una altura de aproximadamente 3 pies (0,9 m). La mayoría de las águilas de cabeza blanca pesan entre 6 y 15 libras (2,7 y 6,8 kilogramos). Las águilas de cabeza blanca hembras son más grandes y pesadas que los machos.

¿Qué come el águila de cabeza blanca? Los peces son su principal fuente de alimentación. También es carroñera. Come entre el cinco y el diez por ciento de su peso en alimento todos los días. Una vista increíblemente aguda le permite detectar la presa desde hasta 1 milla (1,6 kilómetros) de distancia. Un águila de cabeza blanca puede descender en picado para atrapar peces a más 100 millas (161 km) por hora.

Convertirse en un ícono. Estados Unidos eligió el águila de cabeza blanca como un símbolo porque se la considera un ave majestuosa de gran fortaleza, coraje y longevidad de América del Norte. El águila de cabeza blanca también representa la idea de libertad, por su capacidad de volar en el cielo y anidar en lugares altos. Las águilas de cabeza blanca pueden volar a alturas mayores de 10.000 pies (3.048 m).

El águila de cabeza blanca en el dinero. En el año 1782, el águila de cabeza blanca fue elegida como grabado del Gran Sello para representar la idea de libertad y albedrío. El águila de cabeza blanca se encuentra en muchas monedas plateadas y doradas, papel moneda, estampillas y demás artículos. También se destaca en la bandera del presidente y varios sellos estatales.

El águila de cabeza blanca en la actualidad. El águila de cabeza blanca fue añadida a la lista de especies en peligro de extinción en 1978. La caza, la contaminación y los pesticidas hicieron que su número se redujera. Los esfuerzos para protegerla, al igual que las leyes como la Ley de protección del águila de cabeza blanca, ayudaron a estabilizar la población de águilas de cabeza blanca. A pesar de haber sido eliminada de la lista de especies en peligro de extinción en el año 2007, el águila de cabeza blanca sigue siendo una especie protegida.

¡Visita www.av2books.com para disfrutar de tu libro interactivo de inglés y español!

Check out www.av2books.com for your interactive English and Spanish ebook!

1 Entra en www.av2books.com
Go to www.av2books.com

2 Ingresa tu código
Enter book code

Q 6 2 0 7 5 5

3 ¡Alimenta tu imaginación en línea!
Fuel your imagination online!

www.av2books.com

Published by AV² by Weigl
350 5th Avenue, 59th Floor New York, NY 10118
Website: www.av2books.com   www.weigl.com

Library of Congress Cataloging-in-Publication Data

Goldsworthy, Kaite.
 [Bald eagle. Spanish]
 El águila de cabeza blanca / Kaite Goldsworthy.
   pages cm. -- (Íconos americanos)
Translation of: Bald Eagle. New York, NY : AV2 by Weigl, ©2013.
 ISBN 978-1-62127-617-3 (hardcover : alk. paper) -- ISBN 978-1-62127-618-0 (ebook)
1. United States--Seal--Juvenile literature. 2. Emblems, National--United States--Juvenile literature. 3. Bald eagle--United States--Juvenile literature. I. Title.
 CD5610.G6518 2014
 929.90973--dc23
                          2012051510

Printed in the United States of America in North Mankato, Minnesota
1 2 3 4 5 6 7 8 9 0 17 16 15 14 13

032013
WEP050313

Editor: Aaron Carr
Spanish Editor: Tanjah Karvonen
Design: Mandy Christiansen